ODE

POVR LA NAISSANCE
DE
MONSEIGNEVR
LE COMTE
DE DVNOIS.

A PARIS,
Chez la Veuue IEAN CAMVSAT,
ET
PIERRE LE PETIT, ruë Saint Iacques,
à la Toyſon d'Or.

M. DC. XLVI.
AVEC PRIVILEGE DV ROY.

ODE
POVR LA NAISSANCE
DE
MONSEIGNEVR
LE COMTE
DE DVNOIS.

OY *des frimats & des gelées,*
Qui dans vn tenebreux Palais,
Couronné de broüillars espais,
Regnes aux Plages reculées.
Toy par qui les torrens vont de neiges grossis,
Qui fais voir en crystal les fleuues endurcis,
Et glaces les ruisseaux iusqu'au fons de leur source;
Hyuer, qui remplis tout de mort ou de langueur,
Ou demeure au climat de l'Ourse,
Ou si tu viens au nostre adoucy ta rigueur.

A ij

Iamais ta cuisante froidure,
Ny ton espouuantable horreur,
N'apporterent tant de terreur
Au vaste Corps de la Nature;
Nos jardins esmaillez, nos fertiles guerets,
Nos costaux ombrageux, ny nos vertes forests,
N'en monstrerent jamais vne crainte si viue;
Et la Diuinité, qui preside à nos eaux,
Iamais en son humide riue
N'en vit trembler si fort les joncs & les roseaux.

Le Ciel prodigue enuers nostre Age,
Ayant enrichy l'Vniuers
De tant de miracles diuers,
Medite son dernier ouurage.
Pour venger son honneur sous le Vice abbatu,
Il fait au chaste sein de la mesme Vertu
Conceuoir vn Enfant d'origine immortelle.
Tout craint pour ce Chef-d'œuure, & pour luy les Mortels,
Tesmoignant leur crainte & leur zele,
De precieux encens font fumer les Autels.

ANNE cette rare merueille,
Que pour les delices des yeux
Les fauorables soins des Dieux
Ont faite à nulle autre pareille;
Cette Beauté celeste, en qui l'ame & le corps
Brillent, comme à l'enuy, de lumineux tresors,
Et redoublent l'éclat des grandeurs de sa Race;
Dans ses flancs porte vn Mars, dont les actes guerriers
Du front de Celuy de la Thrace
Feront tomber vn iour les orgueilleux Lauriers.

Pour faire heureusement esclôre
Ce souhait de tous les viuans,
Il n'est besoin d'entre les Vents
Que du second Amant de Flore.
Il faut que le Soleil de son feu le plus clair,
Consumant les vapeurs dans l'Empire de l'Air,
En rende l'estenduë & tranquille & sereine;
Que Cibelle ait ses champs tous tapissez de fleurs,
Et que dans sa mouuante plaine
La colere Thetis ait perdu ses fureurs.

A iij

Ainsi pour redonner au Monde
L'Oyseau des ans victorieux,
Il faut que la Terre & les Cieux
Ioüissent d'une paix profonde;
Qu'Æole ait ses sujets dans ses grottes enclos;
Que le char de Neptune applanisse les flots;
Que Iunon de son thrône escarte les orages;
Et que l'Astre du jour, dorant de toutes parts
L'orizon libre de nuages,
Embrase l'Vniuers par ses ardens regards.

※

Par le decret des Destinées,
Le beau DVNOIS si regretté,
Fut bien vn Phenix en beauté,
Mais vn Phenix de peu d'années.
Celuy que nous promet l'arrest d'vn plus doux Sort,
Affranchira son Nom des ombres de la Mort;
Remplira tous les Temps des succés de ses armes;
Sera le Bras vengeur des Roys persecutez,
Et ne fera verser des larmes
Qu'aux Tyrans inhumains qu'il aura surmontez.

Le Dieu qui des choses futures
A les euenemens presens,
Qui voit la trame de ses ans,
Et le cours de ses auantures;
Ce grand Dieu qui jadis l'Art des Muses m'apprit,
M'inspire en ce moment son prophetique esprit,
M'agite, me transporte & parle par ma bouche;
Mes sens sont esclairez, j'apperçoy l'auenir,
Et voy de cette auguste Couche
Naistre vn Fils dont l'honneur ne doit jamais finir.

En beauté cet Enfant surpasse
Tout ce qu'on vante de plus beau;
C'est l'Amour mesme sans bandeau;
C'est le vif portrait de la Grace.
Sur son visage graue vn air doux est empraint;
Les roses & les lys se meslent dans son teint;
En ses yeux estincelle vne innocente flamme;
Desja sa voix est libre, & son mouuement pront,
Et desja le feu de son ame
D'vn radieux éclat luit sur son masle front.

Il monstre vne vigueur extreme
En la tendresse de son corps,
Et dans ses moins puissans efforts
Il semble estre la Force mesme.
Il est infatigable aux plus rudes trauaux;
En leur plus grande fougue il donte les cheuaux;
A la lutte, à l'escrime il se rend redoutable;
Il deuance les Cerfs en leur plus viste cours,
Et de son dard ineuitable
Arreste les Sangliers & terrace les Ours.

Son cœur a pour noble exercice
Les Actes de la Pieté,
La deffence de l'Equité,
Le chastiment de l'Injustice.
Il se sent esmouuoir aux miseres d'autruy;
Il sert aux opprimez de secours & d'appuy;
D'vne main liberale il respand ses richesses;
Il ayme, & perseuere en ses affections;
Il est fidelle en ses promesses,
Et ne s'assujettit qu'aux belles passions.

Se.

Ses faits sont autant de prodiges;
Mais ce Rejeton glorieux
Doit bien estre prodigieux
Sortant de deux si rares Tiges;
Tiges, dont les rameaux sont de celeste azur,
Qui ne portent de fleurs que d'or luysant, & pur,
Et qui du Tronc Royal leur racine ont tirée;
Tiges, sur qui par tout rampent de verds lauriers,
Et qui de leur Souche sacrée
Font sortir à l'enuy des essaims de Guerriers.

Il a pour regles infaillibles
De ses hautes intentions,
Les pensers & les Actions
De ses Ancestres inuincibles.
Les sublimes desseins & les fameux exploits,
Qui mirent dans les Cieux le premier des DVNOIS,
Peuuent seuls luy seruir & de Phare & d'exemple;
Peuuent seuls l'enflammer, & conduire ses pas,
Où la Gloire en son riche Temple
Dispense les mortels de la loy du trespas.

B

Mais poussé d'une ardeur plus belle,
Il laisse tous ses grands Ayeux,
Pour suiure du cœur & des yeux
Vn plus admirable modelle.
HENRY par qui les Dieux à nos Temps l'ont donné,
De feux & de rayons le front enuironné,
L'eschauffe de plus prés, de plus prés l'illumine;
Et l'ayant reuestu de sa viue splendeur,
Sur luy d'vne force diuine
Graue profondement les traits de sa grandeur.

L'ame de ce feu toute pleine,
Il propose à son jeune bras
Celuy qui dans tant de combats
A mis le Tage sous la Seine.
Il propose à son cœur les Actes plus qu'humains,
Peres de ces lauriers cueillis aux champs Germains,
Dont si pompeusement il s'ombrage la teste;
Et le suiuroit en tout, sans que sur ses hauts faits
Formant vn dessein de Conqueste
Il ne sçauroit le suiure au dessein de la Paix.

Si dans quelque subit orage,
Terrible aux propres matelots,
Il monstre, à combattre les flots,
De la prudence & du courage.
S'il conçoit rien de beau, s'il ose rien de grand;
S'il borne les progrés d'vn heureux Conquerant;
Si iusqu'en sa Prouince il luy porte la guerre;
Bref s'il fait que son Nom soit & craint & chery
De tous les Peuples de la Terre,
La loüange en est toute à l'illustre HENRY.

Du haut de la voute azurée,
Où le long d'vn fleuue de lait,
Les Heros goustent à souhait
Vn bien d'eternelle durée;
Le COMTE *renommé qui de mille attentats*
Au fort de nos malheurs garantit nos Estats,
Regarde auec transport naistre cét autre Alcide;
Et ressent en luy-mesme vn agreable ennuy
D'auoir creu luy seruir de guide,
Et de voir que ses pas soient deuancés par luy.

Cette incomparable Heroïne,
De qui cét Enfant glorieux
A receu la clarté des Cieux,
Peint en luy sa vertu divine :
Il tient d'Elle ce sens, & si iuste & si grand,
A qui rien n'est trop vaste, & que rien ne surprend ;
D'Elle il tient la douceur qui dans ses mœurs éclate ;
Et si le masle aspect de son front redouté
A quelque beauté delicate,
Il l'a doit toute encore à sa tendre beauté.

※❀※

Ses autres vertus heroïques,
Chacune, sans auoir besoin
De chercher d'exemples au loin,
Ont leurs exemples domestiques.
En MARIE, & sa Sœur, & son plus cher amour,
Il voit la Bonté pure, inconnuë à la Cour ;
Il l'a voit en Sagesse, en Pieté reluire ;
Il trouue en son esprit tousjours nouueaux appas,
Et dans l'art de se bien conduire
L'obserue, & tasche en tout à marcher sur ses pas.

Cét autre HENRY *que la France*
Remarque entre ses forts Atlas,
Et qu'elle n'a iamais veu las
Sous le grand faix de sa puissance.
Ce Sage consommé, ce clair Entendement,
En sa raison facile imprime viuement
Du secret des Estats la science profonde,
Luy preste sa lumiere, & de rayons perçans,
Sur le bien & le mal du Monde,
Sans nuage & sans ombre illumine ses sens.

De l'adorable MARGVERITE
Ce Prince a la viuacité,
L'agrement, & la majesté,
Dont il fait briller son merite.
Il en a ce haut air, cét air de Souuerain,
Qui pour estre esleué n'en est pas moins humain,
Et qui force au respect sans forcer à la crainte:
Il en a ce bon cœur, cét esprit genereux,
Qui, sans violence ny feinte,
Luy font tendre les bras à tous les mal-heureux.

Plein de feu sans cesse il se mire
Dans les miraculeux exploits
Du Demy-dieu qui sous nos loix
A mis la moitié de l'Empire.
Il s'enflamme au recit des efforts inoüis,
Qui sous le fameux Nom du Belliqueux LOVIS
Ont a les publier lassé la Renommée;
Il excite son ame à les bien imiter,
Et leur belle Image animée
Iusques dans son repos le vient inquieter.

Enfin il contemple sans cesse
Dans le ieune & Royal ARMAND,
Tout ce qu'inspirent de charmant
Les ondes du sacré Permesse.
Son esprit curieux, de cét objet remply,
Cherche encore à se rèndre en ce point accomply;
Il aspire à gaigner cette nouuelle gloire;
Et iuge que c'est peu de vaincre des Cesars,
Si l'on ne sçait dans sa victoire
Par le luth d'Apollon charmer l'horreur de Mars.

Hyuer, sur tes roches de glace
Enchaisne les froids Aquilons,
Ou dans le creux de tes vallons
Renferme leur superbe audace ;
Sous ton seuere ioug leur orgueil abbaissant,
En faueur de DVNOIS rends leur souffle impuissant,
Et mets vn frein d'acier à leurs bouches tonnantes ;
Empesche les enfin de venir par les airs,
Briser nos bois, flestrir nos plantes,
Et faire de nos champs d'effroyables desers.

✤❧✤

Ne croy point que pour l'asseurance
Des valeureux Princes du Nort,
Il faille que par ton effort
DVNOIS meure auant sa naissance.
Ce grand Nom qui de peur les sceut jadis combler,
Desormais par son bruit ne les fait plus trembler ;
Sa vertu desormais ne leur fait plus ombrage ;
Pour leur commun bon-heur les Destins ont permis,
Que nostre inuincible courage,
Par force ou par amour les ait faits nos amis.

Dés long-temps la fiere Angleterre
Nous a reconnus pour vainqueurs,
Et ces inesbranslables cœurs
Ont flechy sous nostre Tonnerre.
La prudente conduitte, & les heureux combats,
Du IVSTE, que le Ciel a tiré d'icy bas,
Dés long-temps ont sur eux remporté cette palme :
L'Anglois, dont la fureur jadis fut nostre effroy,
Pour nous enfin deuenu calme,
Ou n'a plus de fureur, ou n'en a que pour soy.

Ces Roys, de qui la gloire vole
Plus loin que le Monde habité,
Et dont l'Estat est limité
Par les seules ondes du Pole ;
Ces Peuples belliqueux que la glace produit,
Dont l'an n'a qu'vn long iour & qu'vne longue nuit,
Tes suiets bien-aymez, & tes cheres delices,
De ce nouueau DVNOIS ne craignent point les coups,
Esprouuent nos armes propices,
Et pour la liberté conspirent auec nous.

Ceux

Ceux que l'ordonnance des Parques
A sa victoire a destinés,
Sont les seuls Peuples bazanés,
Et leurs ambitieux Monarques;
DVNOIS, au seul climat noircy par la chaleur,
Fera sentir l'effet de sa haute valeur,
Et n'aura de pensers que pour cette Conqueste:
La foudroyante main d'vn Guerrier si hardy
Ne menace de sa tempeste,
Que les lieux embrasés des flammes du Midy.

※

Hyuer, ce bras t'est necessaire
Pour fonder ta propre grandeur,
Et pour offusquer la splendeur
De ton lumineux Aduersaire.
Ce Prince de l'Ardeur, si chaud, si violent,
Frissonne à ce grand Nom dans son Palais bruslant,
Et mesme dans son Fort doute de sa franchise;
Tu seras par DVNOIS en ton throsne affermy,
Si ta douceur le fauorise,
Et si tu luy permets de voir ton Ennemy.

C

Mais c'est en vain que ie conjure
Ton insensible cruauté,
Au lieu d'ammollir ta fierté
Ie la rends plus aspre & plus dure.
Tes vents impetueux, à sa perte animés,
Promeinent parmy l'air cent tourbillons armés,
Qui font dans leur rencontre vne affreuse bataille ;
Et la Nature semble, en ce combat mutin,
Gemir du mal qui la trauaille ;
S'esbransler, se confondre, & courir à sa fin.

L'attentat que tu te proposes
Contre cét objet de nos vœux,
Rompt les inuiolables nœuds
Qui maintenoient l'ordre des choses.
Dans le triste debris du Monde perissant
Tu veux enuelopper cét Hercule naissant,
Faire tomber sur luy la celeste machine ;
Et du Pere des jours esteignant le flambeau,
De l'vniuerselle ruïne
Esleuer à sa cendre vn horrible tombeau.

Poursuy cruel ta tyrannie,
Qu'elle aille à son dernier excés,
Tu n'en auras pas le succés
Que te figure ta manie ;
Malgré tous les efforts du froid injurieux
DVNOIS escartera l'orage furieux
Par les traits enflammés de sa vertu guerriere;
On le verra briller de rayons esclatans,
Et dans vne mesme carriere
Auecque le Soleil ramener le Printemps.

※⁂※

Redouble ta rage barbare,
Et ne laisse rien à tenter,
De tout ce qui peut arrester
Le progrés d'vne Oeuure si rare ;
Dans le sein genereux qui le tient enfermé,
Bien qu'à peine conceu, bien qu'à peine formé,
Il va faire à nos temps voir vn prodige estrange ;
Il va vaincre ta rage, & du siecle estonné
Obtenir la haute loüange,
D'auoir mesme pû vaincre auant que d'estre né.

Le feu de sa jeune vaillance,
Dans sa naturelle prison
Combatant ta froide saison,
La reduira sous sa puissance.
L'Histoire de ses faits commencera par toy ;
Tu seras le premier qu'il mettra sous sa loy,
Et seruiras d'espreuue à sa force naissante ;
Le laurier sur la teste il verra la clarté,
Puis d'vne course triomphante
Nous produira la Paix & la Felicité.

※

Ainsi quand la Masse premiere
Mesloit en ses desreglemens,
Parmy les confus Elemens,
Les tenebres & la lumiere ;
Dans ce trouble intestin l'Amour presque estouffé,
Par son propre peril au combat eschauffé,
Escarta le Discord des semences du Monde ;
Desbroüilla la Nature, & tira du Chaos
L'Air & le Feu, la Terre & l'Onde
Les rangea, les vnit, & les mit en repos.

Diuin Enfant, espoir vnique
De tant de Peuples esplorés,
Que le Tage a desesperés
Par son Empire tyrannique.
Vien sousmettre à ton Roy la fiere Nation,
Dont l'Europe a senty l'injuste ambition,
Et dont tout l'Vniuers abhorre l'insolence;
Par son abbaissement vien nos vœux contenter;
Et vien faire monter la France
Au throsne où sa Riuale esperoit de monter.

Futur appuy de sa Couronne,
Rassemble & joins pour son bon-heur,
La Vertu, l'Esprit & l'Honneur
En ton heroïque Personne.
Fay qu'en toy l'on remarque vn portrait animé
De tout ce que la Terre a de plus renommé,
De tout ce dont le Ciel plus hautement se vante;
Represente icy bas vne Diuinité,
Et pour tout dire represente
En courage ton Pere, & ta Mere en beauté.

Ne suy point la regle commune,
Haste, precipite ton cours,
Et mets soudain l'heur de nos iours
Hors du pouuoir de la Fortune,
Mesme dans ton berceau les Monstres estouffant,
Sois combatant d'abord, sois d'abord triomphant,
Et rauy les Mortels par de nouueaux miracles;
Efface les presens, efface les passés,
Et confirme les grands Oracles
Qu'Apollon par ma bouche a de toy prononcés.

                                          CHAPELAIN.

Extrait du Priuilege du Roy.

PAR Grace & Priuilege du Roy, signé CONRART, en datte du troisiéme Mars mil six cens quarante-trois. Il est permis au sieur CHAPELAIN Conseiller du Roy en ses Conseils, de faire imprimer toutes ses œuures separément ou conjointement, en vn ou plusieurs volumes, en telles marges, & en tels characteres que bon luy semblera, durant l'espace de 10. ans, à compter du iour que chacune de sesdites pieces sera acheuée d'imprimer : Faisant inhibitions & deffences à tous autres de quelque qualité & condition qu'ils soient, de les imprimer ou faire imprimer, ny mesme d'en rien contrefaire, sur peine de trois mille liures d'amende, aplicable vn tiers à Nous, & le reste audit Exposant, ou à ceux qui auront son droit, comme il est plus au long porté par lesdites Lettres.

Et ledit sieur Chapelain a cedé & transporté son droit pour l'impression de cette Ode pour Monseigneur le Comte de Dunois, à la Veuue Iean Camusat, & Pierre le Petit Marchands Libraires, pour en joüyr comme luy-mesme, suiuant le transport qu'il leur en a fait le 8. Mars 1646.

Acheué d'imprimer pour la premiere fois, le neufuiéme Mars 1646.

www.ingramcontent.com/pod-product-compliance
Lightning Source LLC
Chambersburg PA
CBHW061532040426
42450CB00008B/1879